Impressum
Verlag: BABADADA GmbH, Nedderfeld 112 , 22529 Hamburg
Geschäftsführer / Verlagsleitung: Harald Hof
Druck: Books on Demand GmbH, In de Tarpen 42, 22848 Norderstedt

Imprint
Publisher: BABADADA GmbH, Nedderfeld 112 , 22529 Hamburg, Germany
Managing Director / Publishing direction: Harald Hof
Print: Books on Demand GmbH, In de Tarpen 42, 22848 Norderstedt

divide
ចែក

186/2

board
ក្ដារ

classroom
បន្ទប់រៀន

school yard
ទីធ្លាសាលារៀន

teacher
គ្រូបង្រៀន

paper
ក្រដាស

write
សរសេរ

pen
ប៊ិក

desk
តុការិយាល័យ

ruler
បន្ទាត់

book
សៀវភៅ

pupil
កូនសិស្ស

satchel

សមុតរៀតសុបកៃ

pencil case

បូរអប់ដាក់ខ្មៅទៅដៃ

pencil

ខ្មៅទៅដៃ

pencil sharpener

បូរដាប់ខ្លួងខ្មៅទៅដៃ

rubber

ជ័រលុប

drawing pad

ផ្ទាំងគំនូរ

drawing
គំនូរ

paintbrush
ជក់គូរ

paint box
បុរអប់ថ្នាំលាប

scissors
កន្ត្រៃ

glue
ការបិទ

exercise book
សៀវភៅលំហាត់

homework
កិច្ចការផ្ទះ

12

number
លេខ

2+2

add
បូក

5-2

subtract
ដក

2×2

multiply
គុណ

calculate
គណនា

A

letter
លិខិត

ABCDEFG HIJKLMN OPQRSTU VWXYZ

alphabet
អក្ខរក្រម

hello

word
ពាក្យ

text
អត្ថបទ

read
អាន

chalk
ដីស

lesson
មេរៀន

register
ចុះឈ្មោះ

exam
ការប្រលង

certificate
វិញ្ញាបនបត្រ

school uniform
ឯកសណ្ឋានសាលា

education
ការអប់រំ

encyclopedia
សព្វវចនាធិប្បាយ

university
សាកលវិទ្យាល័យ

microscope
មីក្រូទស្សន៍

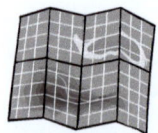

map
ផែនទី

waste-paper basket
កន្ត្រករដាក់សំរាមក្រដាស

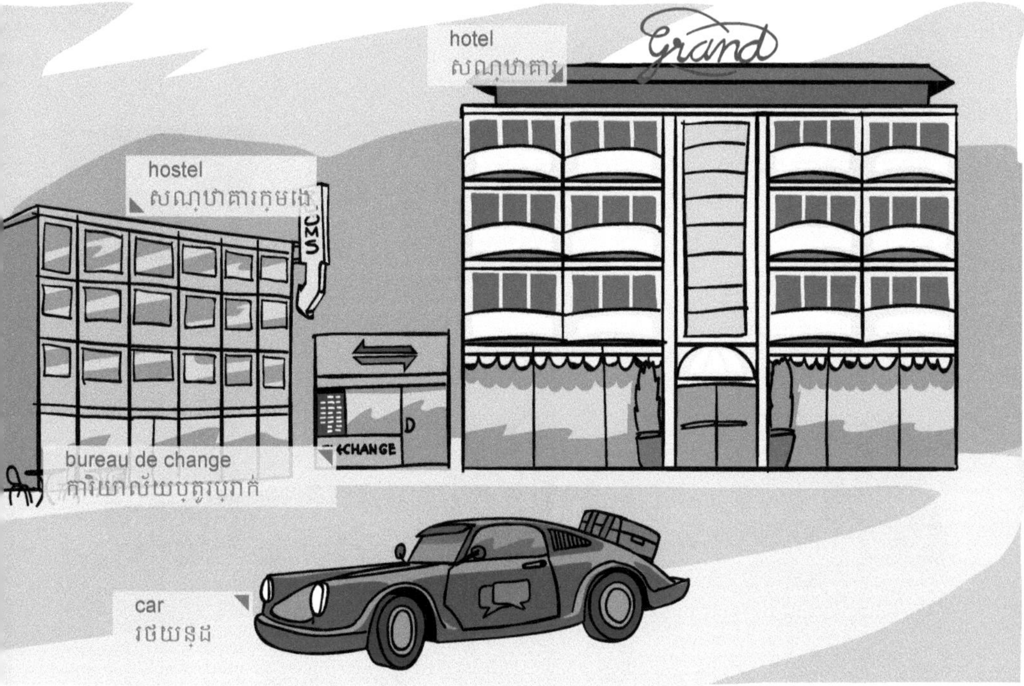
hotel
សណ្ឋាគារ
Grand
hostel
សណ្ឋាគារក្មេង
bureau de change
ការិយាល័យប្តូរប្រាក់
EXCHANGE
car
រថយន្ត

language
ភាសា

yes / no
បាទ / ទេ

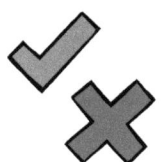

Okay
យល់ព្រម

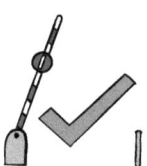

hello
សាយ័ន្តសួស្តី!

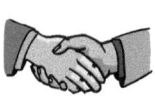

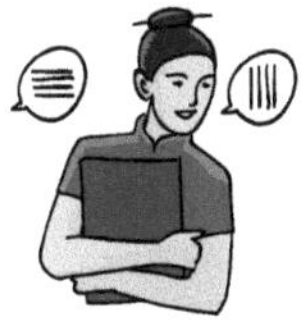

translator
អ្នកបកប្រែ

Thank you
សូមអរគុណ

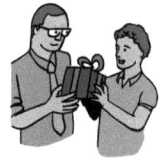

how much is...?

ចុលប៉ុន្មាន... ?

I do not understand

ខ្ញុំមិនយល់

problem

បញ្ហា

Good evening!

ទិវាសួស្ដី!

Good morning!

អរុណសួស្ដី

Good night!

រាត្រីសួស្ដី!

bye bye

លាហាើយ

direction

ទិសដៅ

luggage

អ៊ីវ៉ាន់

bag

កាបូប

backpack

កាបូបស្ពាយកុរោយ

guest

ភ្ញៀវ

room

បន្ទប់

sleeping bag

ថង់ដេក

tent

តង់

tourist information

ព័ត៌មានទេសចរណ៍

beach

ឆ្នេរ

credit card

កាតឥណទាន

breakfast

អាហារពេលព្រឹក

lunch

អាហារថ្ងៃត្រង់

dinner

អាហារពេលល្ងាច

ticket

សំបុត្រ

lift

ជណ្ដើរយន្ត

stamp

តិ្រ

border

ព្រំដែន

customs

គយ

embassy

ស្ថានទូត

visa

ទិដ្ឋាការ

passport

លិខិតឆ្លងដែន

transport
ការដឹកជញ្ជូន

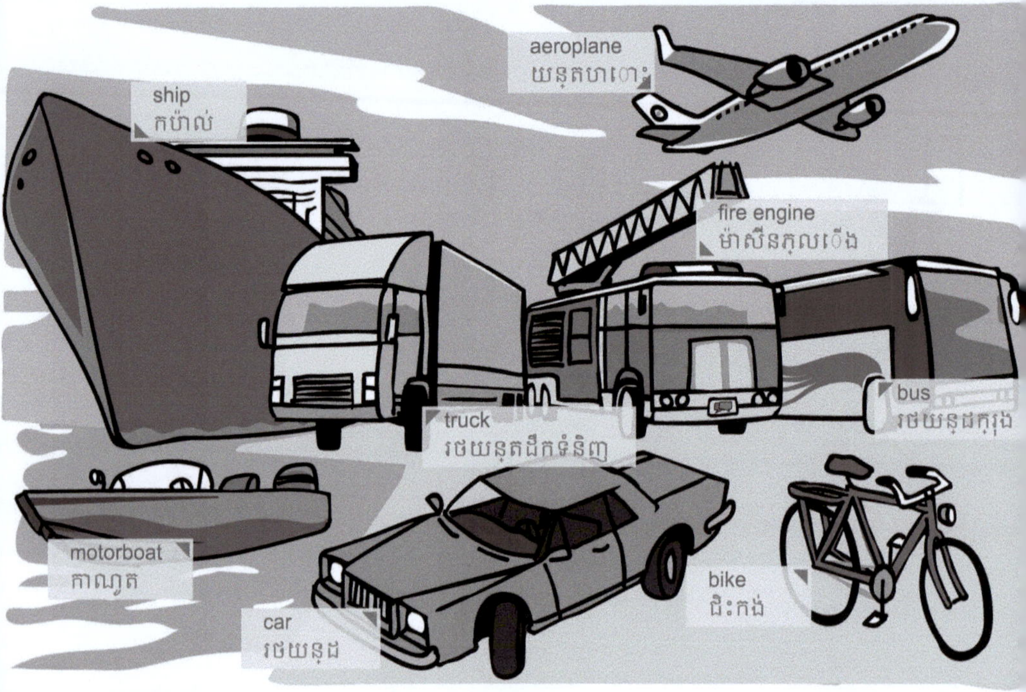
aeroplane
យន្តហោះ
ship
កប៉ាល់
fire engine
ម៉ាសីនភ្លើង
truck
រថយន្តដឹកទំនិញ
bus
រថយន្តក្រុង
motorboat
កាណូត
car
រថយន្ត
bike
ជិះកង់

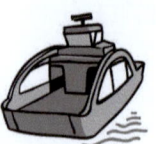

ferry
សាឡាង

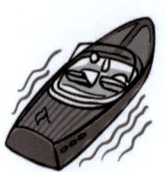

boat
ទូក

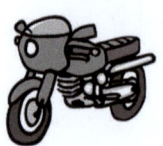

motorbike
ម៉ូតូ

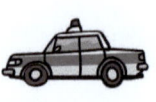

police car
រថយន្តប៉ូលិស

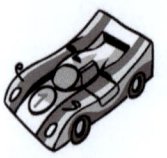

racing car
រថយន្តប្រណាំង

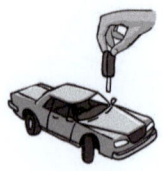

rental car
រថយន្តជួល

car sharing

ការចែករំលែករថយន្ត

breakdown truck

ឡានសុទូច

refuse truck

ឡានបូមមូលសំរាម

motor

ម៉ូតូ

fuel

ប្រេងឥន្ធនៈ

petrol station

ស្ថានីយប្រេង

traffic sign

សូឡាកសញ្ញាចរាចរណ៍

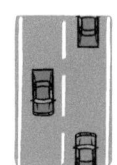

traffic

ការធ្វើដំណើរចរាចរណ៍

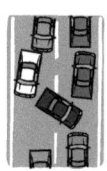

traffic jam

កកស្ទៈចរាចរណ៍

car park

ចំណត

train station

ស្ថានីយរថភ្លើង

tracks

ផ្លូវដែកែ

train

រថភ្លើង

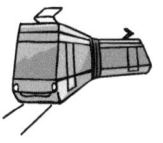

tram

រថអគ្គីសនី

carriage

ទូរថភ្លើង

helicopter

ឧទុធមុភាគចក្រ

airport

ពុរលោនយន្តហោះ

tower

ប៉ម

passenger

អ្នកដំណើរ

container

កុងតឺន័រ

carton

កុរជាសកាតុង

cart

រទេះ

basket

កញ្ចប់

take off / land

ហោះឡ្យេឡ៏ង / ចុះ

city

ទីក្រុង

village

ភូមិ

city centre

កណ្ដាលទីក្រុង

house

ផ្ទះ

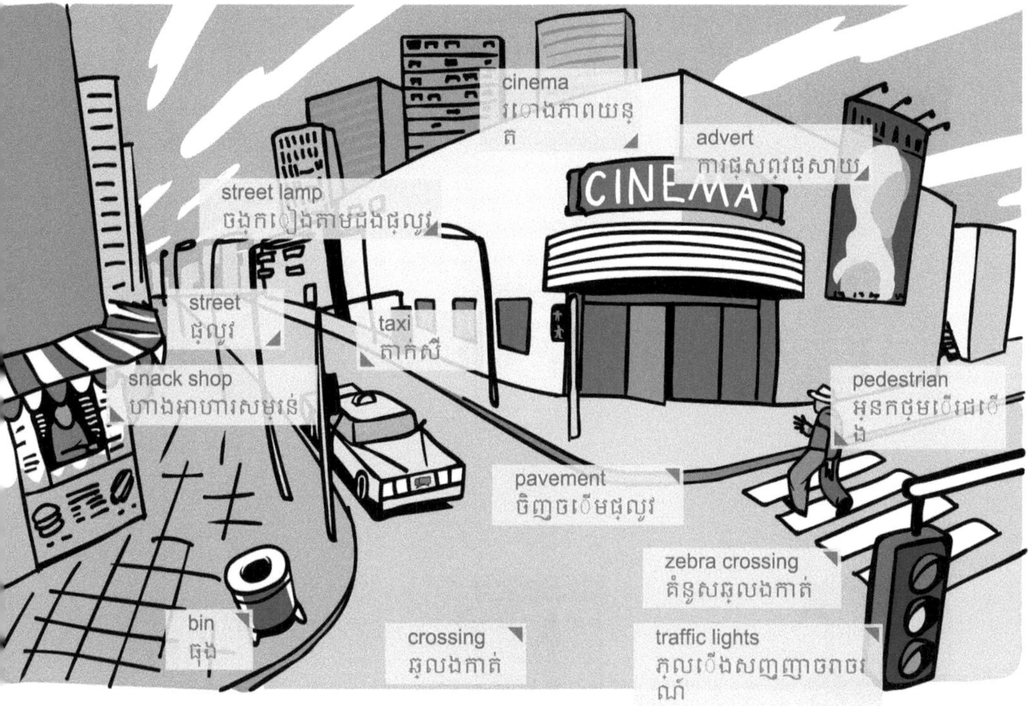

cinema
រោងភាពយន្ត

advert
ការផ្សព្វផ្សាយ

street lamp
ចង្កៀងតាមដងផ្លូវ

CINEMA

street
ផ្លូវ

taxi
តាក់ស៊ី

snack shop
ហាងអាហារសម្នន់

pedestrian
អ្នកថ្មើរជើង

pavement
ចិញ្ចើមផ្លូវ

zebra crossing
គំនូសឆ្លងកាត់

bin
ធុង

crossing
ឆ្លងកាត់

traffic lights
គុលរើងសញ្ញាចរាចរណ៍

hut
ខ្ទម

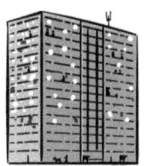

flat
ផ្ទះល្វែង

train station
សុ្ថានីយរថភ្លេរើង

town hall
សាលាក្រុង

museum
សារមន្ទីរ

school
សាលារៀន

university

សាកលវិទ្យាល័យ

bank

ធនាគារ

hospital

មន្ទីរពេទ្យ

hotel

សណ្ឋាគារ

pharmacy

ឱសថស្ថាន

office

ការិយាល័យ

book shop

ហាងលក់សៀវភៅ

shop

ហាង

florist's

ហាងផ្កា

supermarket

ផ្សារទំនើប

market

ទីផ្សារ

department store

ហាងទំនិញ

fishmonger's

ហាងលក់ត្រី

shopping centre

មជ្ឈមណ្ឌលផ្សារទំនើប

harbour

កំពង់ផែ

park
ឧទ្យាន

bench
បង្គ

bridge
ស្ពាន

stairs
ជណ្តើរបើរ

underground
ផ្លូវក្រោមដី

tunnel
ផ្លូវរូងក្រោមដី

bus stop
ចំណតរថយន្តក្រុង

bar
ហារ

restaurant
ភោជនីយដ្ឋាន

postbox
បុរេប្រៃសំបុត្រ

street sign
សញ្ញាតាមដងផ្លូវ

parking meter
ឧបករណ៍បូរមួលផុលថៃណត

zoo
សួនសត្វ

swimming pool
អាងហាលែទឹក

mosque
វិហារអ៊ីស្លាម

farm
កសិដ្ឋាន

pollution
ការបំពុល

graveyard
វាលកប់ខ្មោច

church
ពុរវិហារ

playground
គូររៀងវៃលកុមងេលងេ

temple
បុរសាទ

landscape
ទេសភាព

![landscape scene]

signpost
សញ្ញាមុរប់ទិសដរទៅ

way
ផ្លូវ

meadow
វាលស្មៅ

stone
ដុំថ្ម

hiker
អ្នកឡ្ឃើងភ្នំ

tree
ដើមឈើ

river
ទនួល

grass
ស្មៅ

flower
ផ្កា

valley
ជ្រលងភ្នំ

hill
កូនភ្នំ

lake
បឹង

forest
ព្រៃឈើ

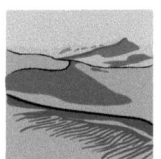

desert
វាលខ្សាច់

volcano
ភ្នំភ្លើង

castle
គុហាប្រាសាទ

rainbow
ឥន្ទធនូ

mushroom
ផ្សិត

palm tree
ដើមត្នោត

mosquito
មូស

fly
រុយ

ant
ស្រមោច

bee
សត្វឃ្មុំ

spider
ពីងពាង

beetle

សត្វកញ្ចែ

frog

កង្កែប

squirrel

កំប្រុក

hedgehog

សត្វកាំបុរមា

hare

ទន្សាយសុលឹក

owl

សត្វទីទុយ

bird

បក្សី

swan

ហង្ស

boar

ជ្រូក

deer

សត្វក្តាន់

moose

សត្វក្ដាន់

dam

ទំនប់

wind turbine

កង្ហារខ្យល់

solar panel

បន្ទះស្វ៊ារ

climate

អាកាសធាតុ

restaurant
ភោជនីយដ្ឋាន

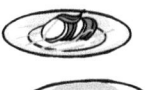

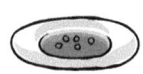

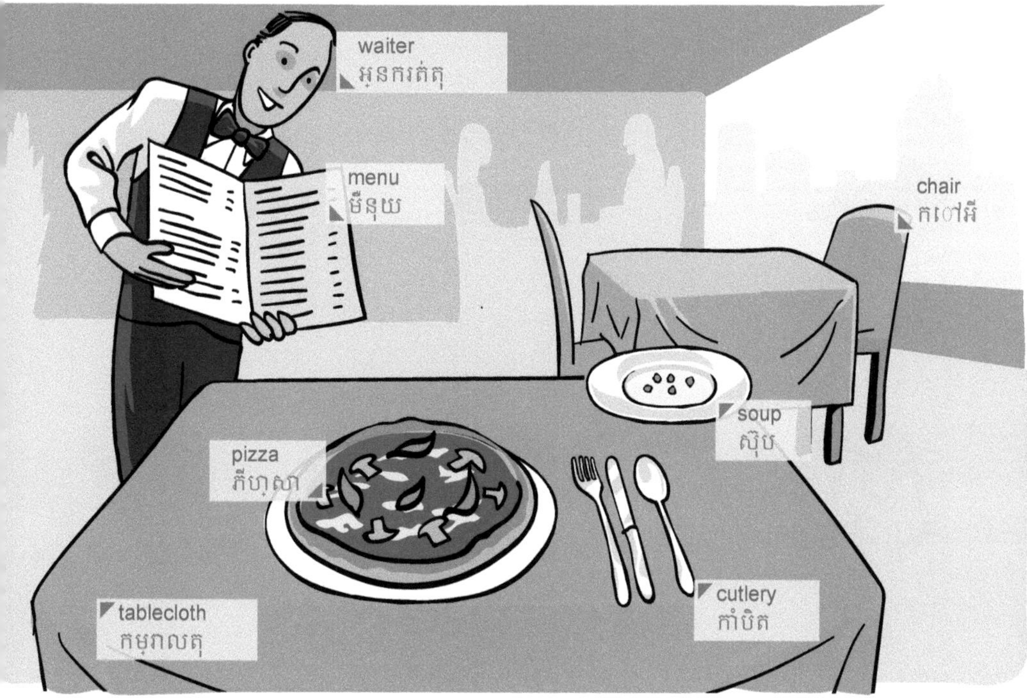
waiter
អ្នករត់តុ
menu
មឺនុយ
chair
កៅអី
soup
ស៊ុប
pizza
ភីហ្សា
cutlery
កាំបិត
tablecloth
កម្រាលតុ

starter
អាហារសម្រន់

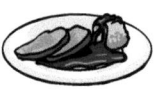

main course
អាហារសំខាន់

dessert
បង្អែម

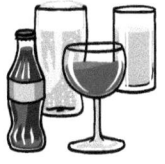

drinks
ភេសជ្ជៈ

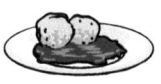

food
អាហារ

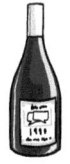

bottle
ដប

fast food

អាហារបហ័ស

street food

អាហារតាមផ្លូវ

teapot

ប៉ាន់តែ

sugar bowl

បួរអប់សុករ

portion

ចំណែក

espresso machine

ម៉ាស៊ីនឆុងកាហ្វេអេិចសុព្វរេ
ស្សូ

high chair

កៅអីខ្ពស់

bill

វិក្កយបត្រ

tray

ថាស

knife

កាំបិត

fork

សម

spoon

ស្លាបព្រា

teaspoon

ស្លាបព្រាកាហ្វេ

serviette

កន្សែងជូតខ្លួន

glass

កវែ

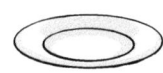

plate
ចានទាប

soup plate
ចានស៊ុប

saucer
ចានទុរនាប់

sauce
ទឹកជ្រលក់

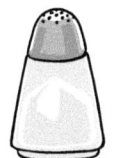

salt pot
ដបអំបិល

pepper mill
បុរដោប់កិនម្រេច

vinegar
ទឹកខ្មេះ

oil
បុរេង

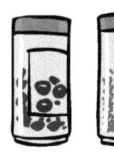

spices
គ្រឿងទេស

ketchup
ទឹកប៉េងប៉ោះ

mustard
ម៉ូតាក

mayonnaise
ទឹកម៉ូណេ

supermarket
ផ្សារទំនើប

special offer
ការផ្តល់ជូនពិសេស
FOR
customer
អតិថិជន
dairy
ទឹកដោះគោ
fruit
ផ្លែឈើ
trolley
រទេះរុញ

BUTCHERS

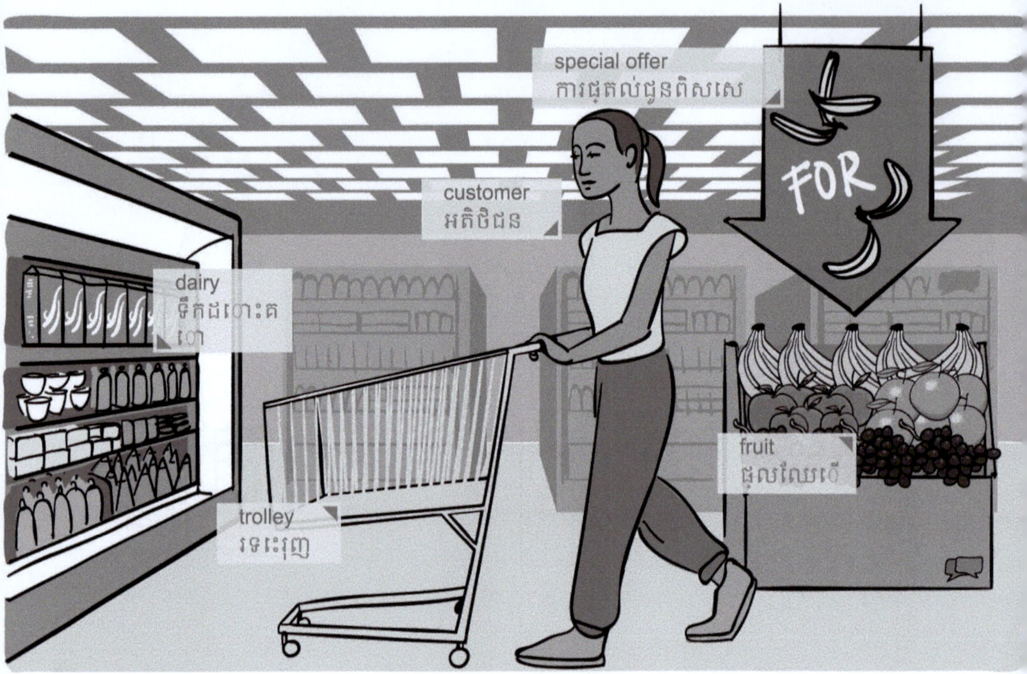

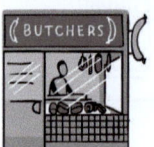

butcher´s
ហាងកាប់ជ្រូក

BAKERY

baker´s
ហាងដុតនំ

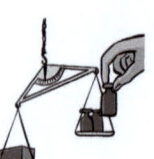

weigh
ថ្លឹង

vegetables
បន្លែ

meat
សាច់

frozen food
អាហារក្ណាស្សេ

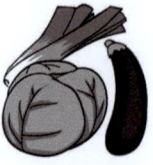

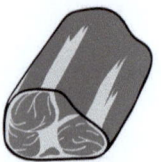

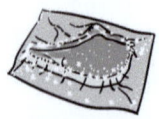

cold meat

សាច់ក្លាសេ

tinned food

អាហារកំប៉ុង

washing powder

ម្សៅលាង

sweets

ស្ករគ្រាប់

household products

ផលិតផលក្នុងគ្រួសារ

cleaning products

ផលិតផលសម្អាត

salesperson

អ្នកលក់

till

ថតដាក់លុយ

cashier

បេឡា

shopping list

បញ្ជីទិញទំនិញ

opening hours

ម៉ោងធ្វើការ

wallet

កាបូបលុយបុរស

credit card

កាតឥណទាន

bag

ថង់

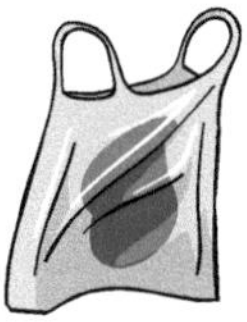

plastic bag

ថង់ប្លាស្ទិច

drinks
ភេសជជៈ

water
ទឹក

juice
ទឹកផ្លែឈើ

milk
ទឹកដោះគោ

coke
កូកាកូឡា

wine
ស្រា

beer
ស្រាបៀរ

alcohol
គ្រឿងស្រវឹង

cocoa
កាកាវ

tea
តែ

coffee
កាហ្វេ

espresso
កាហ្វេអ៊ិចសុព្រេស្សូ

cappuccino
កាហ្វេកាពូឈីណូ

banana

ចេក

apple

ផ្លែប៉ោម

orange

ផ្លែក្រូច

melon

ឪឡឹក

lemon

ក្រូចឆ្មា

carrot

ការ៉ុត

garlic

ខ្ទឹម

bamboo

ឬស្សី

onion

ខ្ទឹមបារាំង

mushroom

ផ្សិត

nuts

គ្រាប់ផ្លែឈើ

noodles

មី

spaghetti

ម៉ីអ៊ីតាលី

rice

ហាយ

salad

សាឡាត់

chips

ដំឡូងចៀន

fried potatoes

ដំឡូងចៀន

pizza

ភីហ្សា

hamburger

ប៊ីហ្គឺ

sandwich

សាំងវិច

cutlet

សាច់ជាប់ឆ្អឹងជំនី

ham

ហាំ

salami

សាឡាមី

sausage

សាច់ក្រក

chicken

សាច់មាន់

roast

អាំង

fish

ត្រី

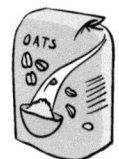

porridge oats

អាវ៉ែនបបរ

muesli

មុយស្លី

cornflakes

ដំឡូងចំណិត

flour

មុសៅ

croissant

នំគួសង់

bread roll

នំបុ័ងមុយ៉ាងមូលតូចៗ

bread

នំបុ័ង

toast

អាំង

biscuits

នំប៊ីស្គីត

butter

ប៊ឺរ

curd

ទឹកដេាះខាប់

cake

នំខេក

egg

ស៊ុត

fried egg

ស៊ុតចៀន

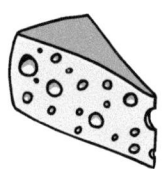

cheese

ឈីស

ice cream

ការ៉េម

sugar

ស្ករ

honey

ទឹកឃ្មុំ

jam

ដំណាប់

chocolate spread

កុរម៉ែតាំងម៉ារ៉េ

curry

ការី

goat

ពពែ

cow

គោញី

calf

កូនគោ

pig

ជ្រូក

piglet

កូនជ្រូក

bull

គោឈ្មោលមគោល

goose
សត្វក្ងាន

duck
ទា

chick
កូនមាន់

hen
មមោន់

cock
មាន់ឈ្មោល

rat
កណ្តុរ

cat
ឆ្មា

mouse
កណ្តុរប្របមេះ

ox
គោឈ្មោល

dog
ឆ្កែ

doghouse
ផ្ទះឆ្កែ

garden hose
ទុយោទឹក

watering can
ធុងស្រោចទឹក

scythe
ខូវរបែក

plough
នង្គ័ល

sickle

កណ្ដៀវ

hoe

ចបកាប់

pitchfork

នង្គាល់

axe

ពូថៅ

wheelbarrow

រទេះរុញ

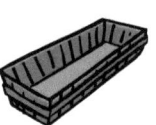

trough

ស្នូក

milk can

កំប៉ុងទឹកដោះគោ

sack

ហារ

fence

របង

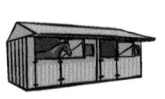

stable

ក្រោល

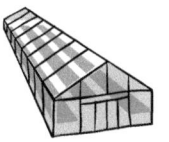

greenhouse

ផ្ទះកញ្ចក់

soil

ដី

seed

គ្រាប់ពូជ

fertilizer

ជី

combine harvester

ម៉ាស៊ីនច្រូតផល

harvest

បូមួលផល

harvest

ការបូមួលផល

yams

ដំឡូងជុក

wheat

ស្រូវសាលី

soy

សណ្ដែកសៀង

potato

ដំឡូងជុក

corn

ពោត

rapeseed

គ្រាប់បួរងៃវៃ

fruit tree

ដេីមឈេីហ្មុបផ្លៃ

cassava

ដំឡូងមី

cereals

ធញ្ញជាតិ

house

ផ្ទះ

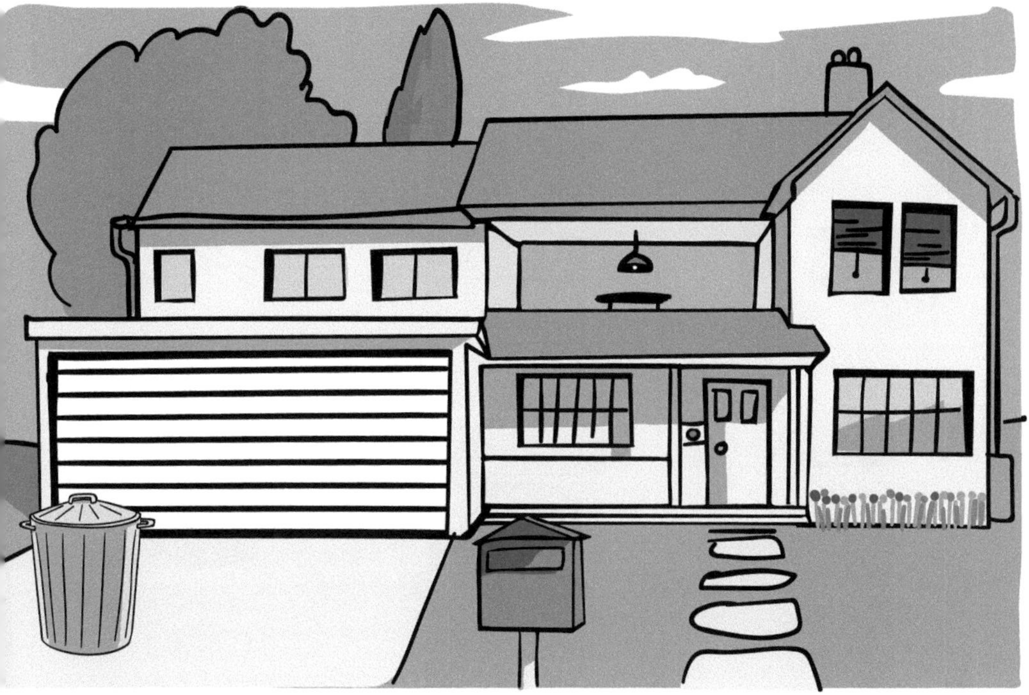

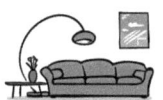

living room

បន្ទប់ទទួលភ្ញៀវ

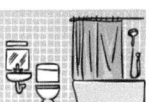

bathroom

បន្ទប់ទឹក

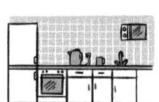

kitchen

ផ្ទះបាយ

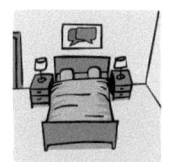

bedroom

បន្ទប់គេង

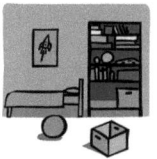

child's room

បន្ទប់របស់កុមារ

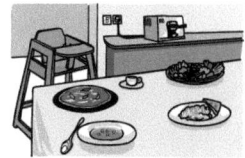

dining room

បន្ទប់ទទួលទានអាហារ

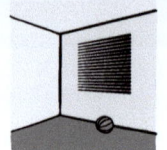

floor
ជាន់

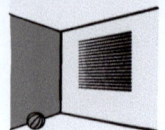

wall
ជញ្ជាំង

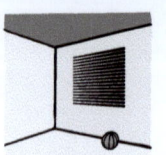

ceiling
ពិដាន

cellar
បន្ទប់ក្រោមដី

sauna
សួណា

balcony
យ៉័រ

terrace
ផ្ទះវៃរបសួមើនៅជមុរាល
ភូនំ

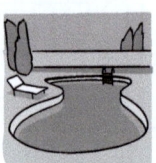

pool
អាងហាលែទឹក

lawn mower
ម៉ាស៊ីនកាត់សួមៅ

sheet
សន្លឹក

bedspread
កម្រាលគ្រវែកេ

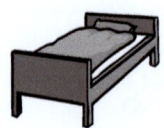

bed
គ្រែ

broom
អំបោស

bucket
ធុង

switch
កុងតាក់

living room
បន្ទប់ទទួលភ្ញៀវ

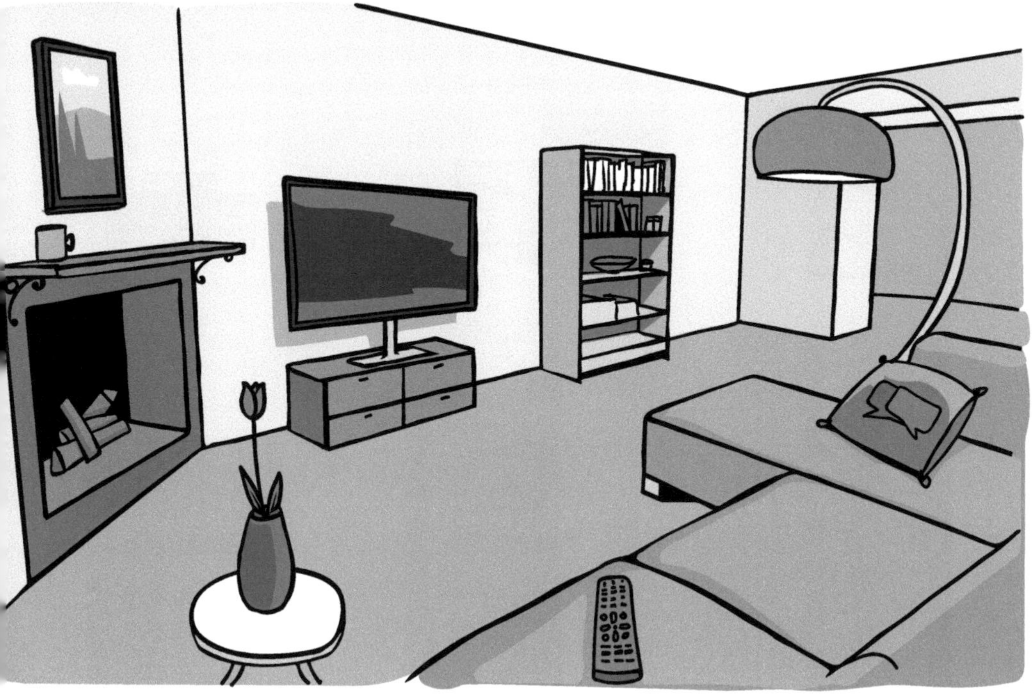

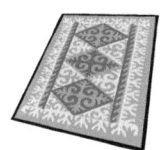

carpet

កម្រាលព្រំ

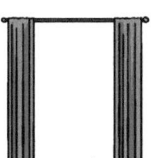

curtain

វាំងនន

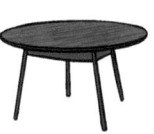

table

តុ

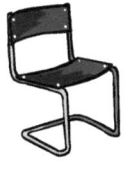

chair

កៅអី

rocking chair

កៅអីប៉ាក់ប៉ើក

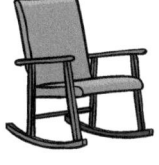

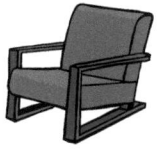

armchair

កៅអីភ្នាក់ដៃ

book

សៀវភៅ

blanket

ភួយ

decoration

ការតុបតែង

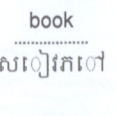

firewood

អុសដុត

film

ខុសវិភាពយន្ត

hi-fi equipment

ឧបករណ៍ Hi-Fi

key

កូនសោ

newspaper

កាសែត

painting

គំនូរ

poster

ផ្ទាំងរូបភាព

radio

វិទ្យុ

notepad

ណូតផេត

hoover

ម៉ាស៊ីនបូមធូលី

cactus

ដំបងយក្ស

candle

ទៀន

kitchen
ផ្ទះបាយ

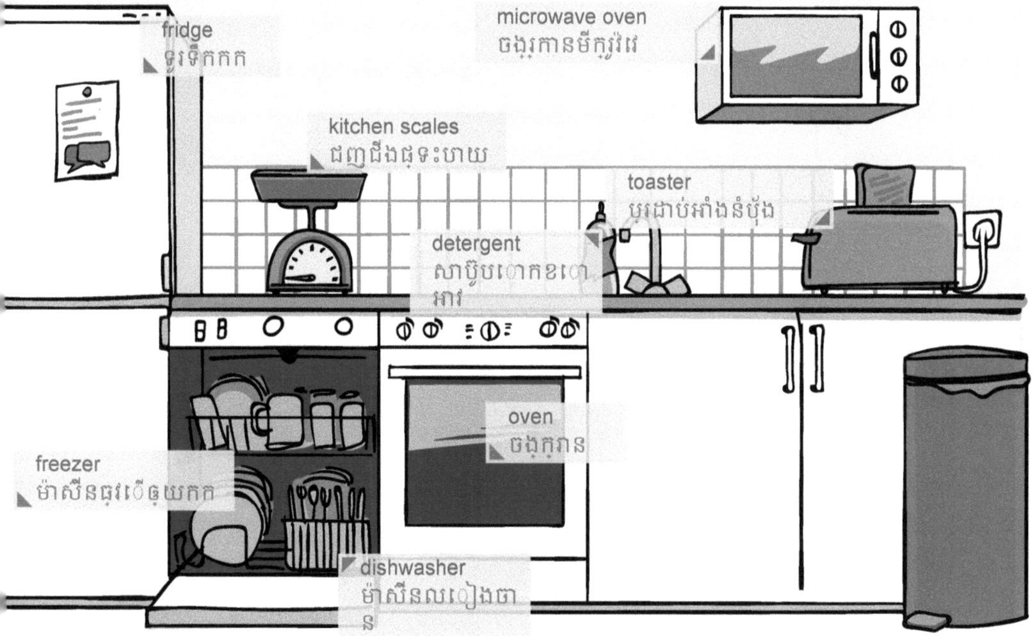

fridge
ទូរទឹកកក
microwave oven
ចង្ក្រានមីក្រូវេវ
kitchen scales
ជញ្ជីងផ្ទះបាយ
toaster
ប្រដាប់អាំងនំប៉័ង
detergent
សាប៊ូបោកខោអាវ
oven
ចង្ក្រាន
freezer
ម៉ាស៊ីនធ្វើឲ្យកក
dishwasher
ម៉ាស៊ីនលាងចាន

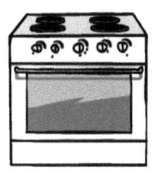

cooker
ចង្ក្រាន

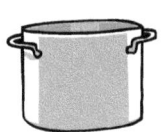

pot
ឆ្នាំង

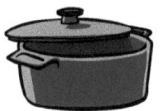

cast-iron pot
ឆ្នាំងដែក

wok / kadai
ខ្ទះ / ខ្ទះឥណ្ឌា

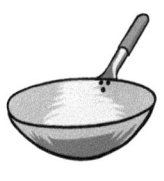

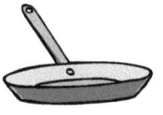

pan
ខ្ទះ

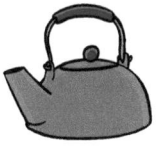

kettle
កំសៀវ

steamer
ឆ្នាំងចំហុយ

baking tray
ថាសដុតនំ

crockery
គ្រឿងចានឆ្នាំងដី

mug
ថូ

bowl
ចានតោម

chopsticks
ចង្កឹះ

ladle
វែកសមុល

spatula
វែកគូរ

whisk
ប្រដាប់វាយកូរឡ្បុក

strainer
តម្រង

sieve
កន្ត្រង

grater
ប្រដាប់កោសដូង

mortar
គ្រុហាល់

barbecue
ការអាំងសាច់

open fire
ចង្ក្រានចំហា

chopping board
ជម្រញ

rolling pin
បុដោប់កិនម្សៅ

corkscrew
បុដោប់ម្សៅបើកឆ្នុកសុរា

can
កំប៉ុង

can opener
បុដោប់បើកកំប៉ុង

pot holder
កុណាត់មូរប់ឆ្នាំង

sink
កន្លែងលាងចាន

brush
ជក់

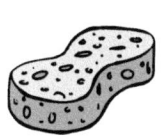

sponge
អប៉ុង

blender
ម៉ាស៊ីនកូរឡ្បក

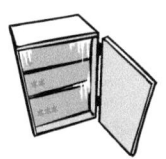

deep freezer
ទូរទឹកកកខ្ទាតត្តូច

baby bottle
ដបទឹកដោះគោ

tap
រ៉ូប៊ីណេ

bathroom
បន្ទប់ទឹក

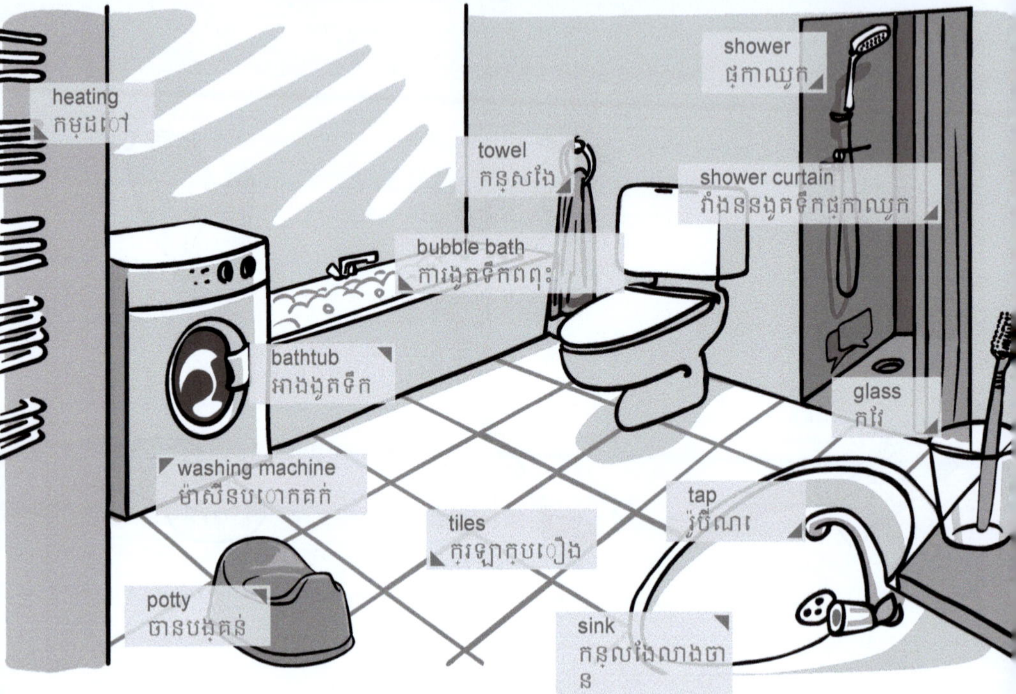

heating
កម្ដៅ
shower
ផ្កាឈូក
towel
កន្សែង
shower curtain
វាំងននងូតទឹកផ្កាឈូក
bubble bath
ការងូតទឹកពពុះ
bathtub
អាងងូតទឹក
glass
កែវ
washing machine
ម៉ាស៊ីនបោកគក់
tap
រ៉ូប៊ីណេ
tiles
ក្រឡាក្បឿង
potty
ចានបង្គន់
sink
កន្លែងលាងចា
ន

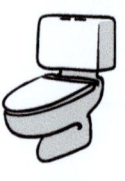

toilet
បង្គន់

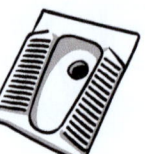

squat toilet
បង្គន់អង្គុយ

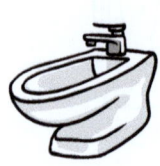

bidet
ផើងជម្រះកាយ

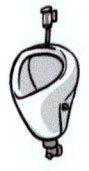

urinal
ក្លាំទឹកនោម

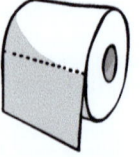

toilet paper
ក្រដាសបង្គន់

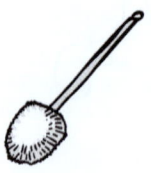

toilet brush
ច្រាសដុសបង្គន់ន

toothbrush

ចំរាសដុសធ្មេញ

toothpaste

ថ្នាំដុសធ្មេញ

dental floss

ខ្សែទោរក់សម្អាតធ្មេញ

wash

លាង

handheld shower

បូរដោប់ដាក់ដផ្កាឈូក

douche

ទឹកថ្នាំសម្អាប់ហាញ់លាង

basin

អាង

back brush

ចំរាសដុសខ្នង

soap

សាប៊ូ

shower gel

ជែលសម្អាប់ង្អុតទឹកផុតកាឈួ
ក

shampoo

សាប៊ូ

flannel

សកុលាត

drain

បំពង់បង្ហូរទឹក

cream

ក្រែម

deodorant

ថ្នាំបំបាត់ក្លិនអាក្រក់

mirror

កញ្ចក់

hand mirror

កញ្ចក់ដៃ

razor

ប្រដាប់កោរ

shaving foam

ហ្វូមកោរពុកមាត់

aftershave

ទឹកលាងក្រោយកោរពុកមាត់រួច

comb

ក្រវ៉ាស

brush

ជក់

hair dryer

ប្រដាប់សម្ងួតសក់

hairspray

ស្ព្រាយហាញ់សក់

makeup

ការតុបតែងមុខ

lipstick

ក្រមៅលាបមាត់

nail varnish

ថ្នាំលាបក្រចក

cotton wool

រោមកប្បាស

nail scissors

កន្ត្រៃកាត់ក្រចក

perfume

ទឹកអប់

washbag

កាបូបបោកគក់

stool

លាមក

weighing scale

ជញ្ជីងថ្លឹងទម្ងន់

bathrobe

អាវពាក់ងូតទឹក

rubber gloves

ស្រោមដៃពោស្ស៊ី

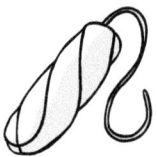

tampon

ឈ្នុក

sanitary towel

កន្សែងអនាម័យ

chemical toilet

បង្គន់គីមី

child's room
បន្ទប់របស់កុមារ

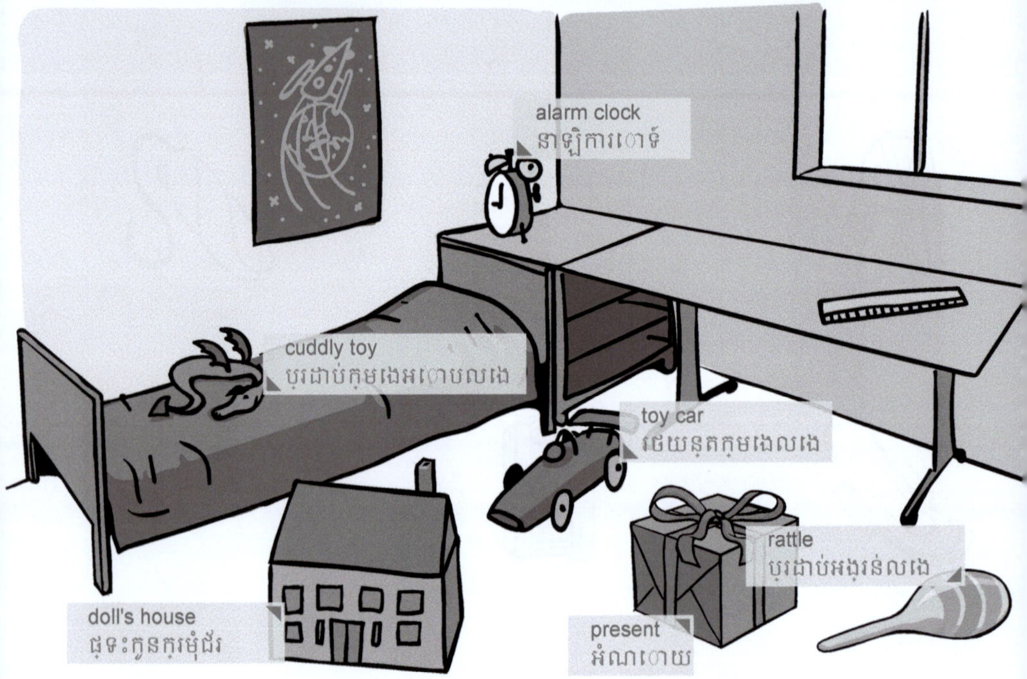

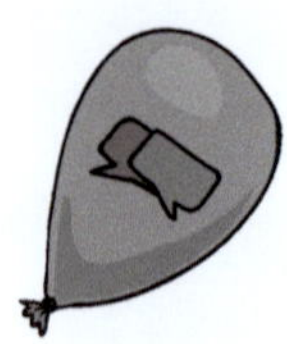

alarm clock
នាឡិការោទ៍
cuddly toy
ប្រដាប់ក្មេងអោបលេង
toy car
រថយន្តក្មេងលេង
rattle
ប្រដាប់អង្រន់លេង
doll's house
ផ្ទះកូនក្រមុំជ័រ
present
អំណោយ

balloon
ប៉េងប៉ោង

bed
គ្រែ

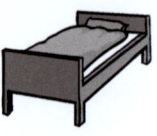

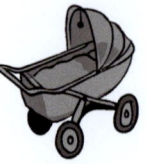

pram
រទេះរុញទារក

deck of cards
ហ៊ឹបបៀ

jigsaw
រូបផ្គុំ

SUPER
MEGA

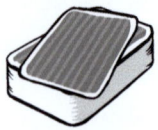

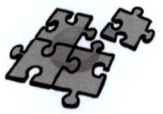

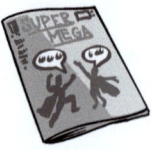

comic
កំប្លែង

lego bricks
ឥដ្ឋ Lego

building blocks
បុលុកបុរដោប់កុមវេងលេង

action figure
តុលខេសកម្មមភាព

babygrow
ខោអាវទារក

frisbee
ការគប់ចាស

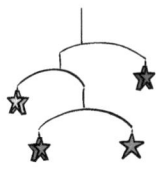

mobile
ទូរស័ព្ទដៃ

board game
ក្តារលួបវេង

dice
គ្រាប់ឡ្បកឡ្បាក់

model train set
ឈុតរថភ្លលវេឹងគំរូ

dummy
រូបសំណាក

party
គណបក្ស

picture book
សរៀ្រវក្ពៅ្របភាព

ball
ហាល់

doll
កូនក្របុំតុក្កកតា

play
លេង

sandpit

រណ្ដៅទៅខ្សាច់

swing

ទ្រោង

toys

បុរដោប់កុមមេងលេង

video game console

កុងស្សលរឹដអ្សេហ្គតមេ

tricycle

គ្សរីចក្សរយោនយន្ត

teddy bear

តុក្កតាខ្លាយុម៉

wardrobe

ទូខ្ទោអារ

---

clothing
សម្ភុលឿ្រៀកបំពាក់

socks

សុរ្ទោមជ្ទើង

stockings

សុរ្ទោមជ្ទើងវៃង

tights

ខ្ទោទុរនាប់នារី

scarf
កូម៉ា

umbrella
ឆ័ត្រ

t-shirt
អាវយឺត

belt
ខ្សែក្រវាត់

boots
ស្បែកជេីងករវ័ងូ

slippers
ស្បែកជេីងពាក់នែ
ទី៖

trainers
ស្បែកជេីងហ្វាតា

sandals
ស្បែកជេីងសង្ខវ៉ៃ

shoes
ស្បែកជេីង

rubber boots
ស្បែកជេីងករវ៉ៃកទៅស្ទ្បី

underpants
ខពោទ្បនោប់បុរស

bra
អាវទ្បនោប់

vest
អាវកាក់

clothing - សម្លៀកបំពាក់

45

body

រាងកាយ

trousers

ខោទោវែង

jeans

ខោទោខូវប៊ីយ

skirt

សំពត់

blouse

អាវក្រុវៅ

shirt

អាវ

pullover

អាវយឺត

hoodie

អាវយឺត

blazer

អាវធំ

jacket

អាវក្រុវៅ

coat

អាវធំ

raincoat

អាវភ្លៀងឡេង

costume

គុរឡេងតវែ

dress

អាវរវែ

wedding dress

សំលឡេកបំពាក់អាពាហ៍ពិពា
ហ៍

suit

ខោអាវឈុត

nightgown

រ៉ូបរាត្រី

pyjamas

ឈុតគេង

sari

សារី

headscarf

កន្សែងជូតក្បាល

turban

ផ្នួត

burqa

សួបម៉ែខ

kaftan

kaftan

abaya

abaya

swimsuit

ឈុតហាលែទឹក

trunks

ខោខ្លី

shorts

ខោខ្លី

tracksuit

ឈុតហាត់កីឡា

apron

អាវអៀម

gloves

ស្រោមដៃ

button

ឃ្យួរអាវ

glasses

វ៉ែនតា

bracelet

ខ្សែដៃ

necklace

ខ្សែក

ring

ចិញ្ចៀន

earring

ក្រវិល

cap

មួក

coat hanger

បរដាប់ពួយអាវក្រុរៅ

hat

មួក

tie

ក្រវាត់ក

zip

រូត

helmet

មួកសុវត្ថិភាព

braces

ខ្សែវ៉

school uniform

ឯកសណ្ឋានសាលា

uniform

ឯកសណ្ឋាន

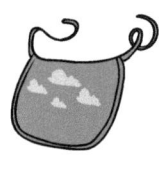

bib
អៀមទារក

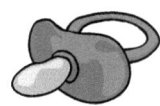

dummy
រូបសំណាក

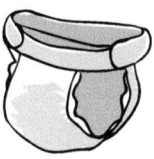

nappy
ខោទឹកនោម

office
ការិយាល័យ

server
ម៉ាសីនមេ
filing cabinet
ទូឯកសារ
printer
ម៉ាសីនបោះពុម្ព
paper
ក្រដាស
monitor
ម៉ូនីទ័រ
mouse
កណ្ដុរ
desk
តុការិយាល័យ
folder
សឺមី
keyboard
ក្តារចុច
waste-paper basket
កន្ត្រកដាក់សំរាមក្រដាស
computer
កុំព្យូទ័រ
chair
កៅអី

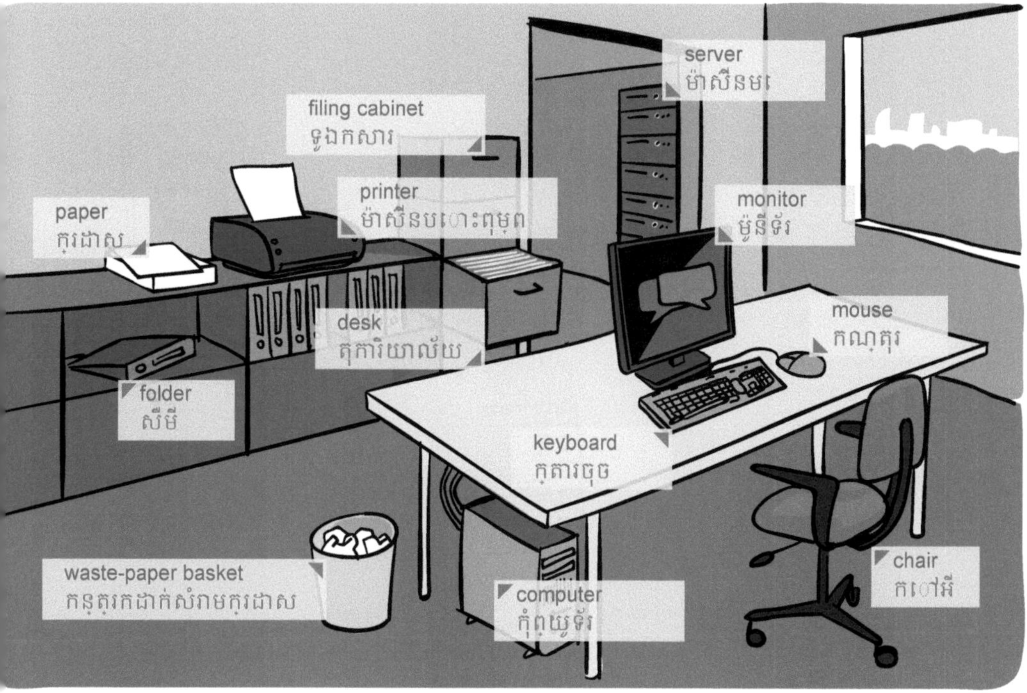

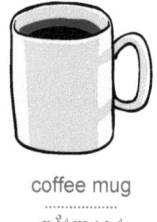

coffee mug
កែវកាហ្វេ

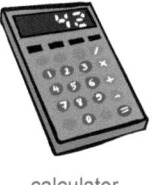

calculator
ម៉ាសីនគិតលេខ

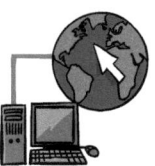

internet
អីនធឺណិត

laptop

កុំព្យូទ័រយួរដៃ

letter

លិខិត

message

សារ

mobile

ទូរស័ព្ទដៃ

network

បណ្តាញ

photocopier

ម៉ាស៊ីនថតចម្លង

software

សូហ្វវែរ

telephone

ទូរស័ព្ទ

plug socket

នុធជជោត

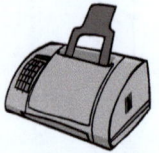

fax machine

ម៉ាស៊ីនទូរសារ

form

ទម្រង់បែបបទ

document

ឯកសារ

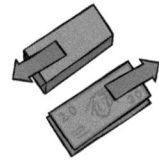

buy
ទិញ

pay
បង់ប្រាក់

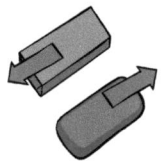

trade
ជួរជើញ្ជនូញ

money
លុយ

dollar
ប្រាក់ដុល្លារ

euro
ប្រាក់អឺរ៉ូ

yen
ប្រាក់យ៉េន

rouble
ប្រាក់រូបិល

Swiss franc
ហ្វ្រង់ស្វីស

renminbi yuan
ប្រាក់យ័ន

rupee
ប្រាក់រូពី

cashpoint
កន្លែងប្រើសាច់ប្រាក់

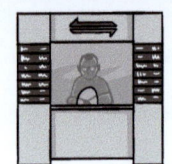

bureau de change

ការិយាល័យបុត្តូរប្រាក់

gold

មាស

silver

ប្រាក់

oil

ប្រេង

energy

ថាមពល

price

តម្លៃ

contract

កិច្ចសន្យា

tax

ពន្ធ

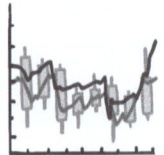

stock

ភាគហ៊ុន

work

ធ្វើការ

employee

បុគ្គលិក

employer

និយោជក

factory

រោងចក្រ

shop

ហាង

economy - សេដ្ឋកិច្ច

police officer
មន្ត្រីប៉ូលិស

fireman
អ្នកពន្លត់អគ្គិភ័យ

cook
ចុងភៅ

doctor
វេជ្ជបណ្ឌិត

pilot
អ្នកបើកយន្តហោះ

gardener
អ្នកថែស្វន

carpenter
ជាងឈើ

seamstress
ជាងកាត់ដេរ

judge
ចៅក្រម

chemist
គីមីវិទ្

actor
តួកុន

bus driver

អ្នកបើកឡានក្រុង

taxi driver

អ្នកបើកតាក់ស៊ី

fisherman

អ្នកនេសាទ

cleaning lady

សុត្តីរអ្នកសមុអាត

roofer

ជាងដំបូល

waiter

អ្នករត់តុ

hunter

អ្នកបរបាញ់សត្វ

painter

វិចិត្រករ

baker

អ្នកដុតនំ

electrician

ជាងអគ្គីសនី

builder

ជាងសំណង់

engineer

វិស្វករ

butcher

អ្នកកាប់សាច់

plumber

ជាងជួសជុលទុយោទឹក

postman

អ្នករត់សំបុត្រ

soldier
ទាហាន

architect
ស្ថាបត្យករ

cashier
បេឡ្ការ

florist
អ្នកលក់ផ្កា

hairdresser
អ្នកអ៊ិតសក់

conductor
អ្នកយកលុយ

mechanic
ជាងម៉ាស៊ីន

captain
កាព៌ីទនៃ

dentist
ពទ្យធ្មេញ

scientist
អ្នកវិទ្យាសាស្ត្រ

rabbi
គ្រូបង្រៀនចហាប់សញ្ញជាតិ
ជ៉ីហ្វរ

imam
លោកសង្ឃយចាម

monk
ព្រះសង្ឃយ

clergyman
បព្វជីត

tools
ឧបករណ៍

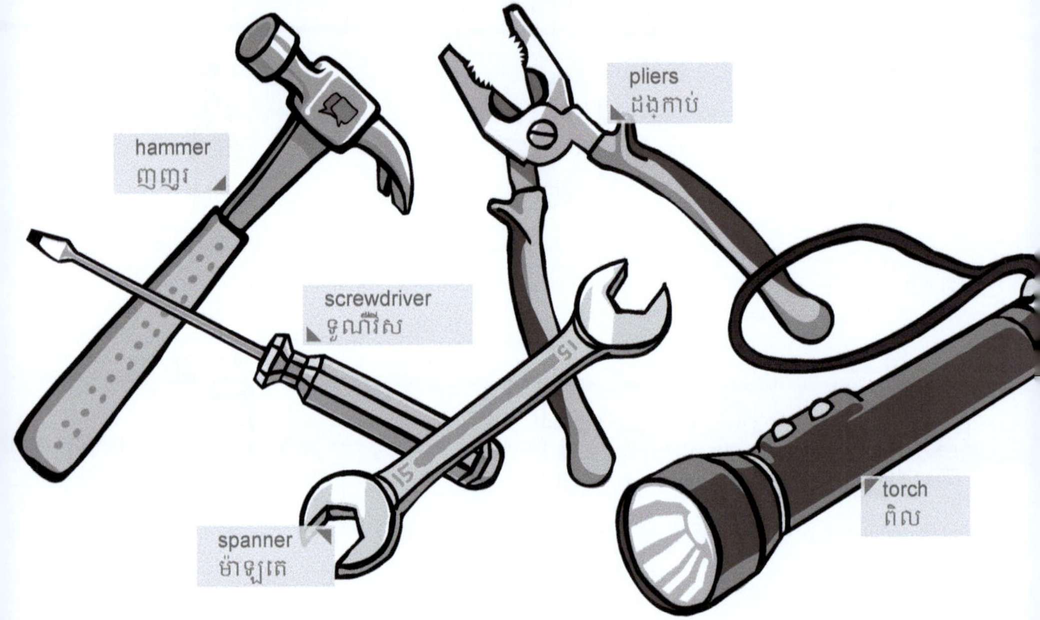
hammer
ញញួរ
pliers
ដង្កាប់
screwdriver
ទួណឺវីស
spanner
ម៉ាឡេត
torch
ពិល

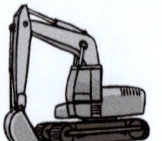

digger
ម៉ាស៊ីនជីក

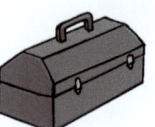

toolbox
ប្រអប់ឧបករណ៍

ladder
ជណ្តើរ

saw
រណារ

nails
ដែកគោល

drill
ប្រដាប់ស្វាន

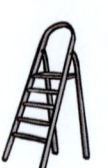

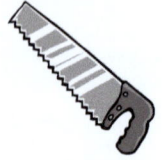

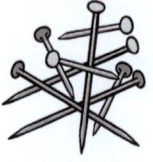

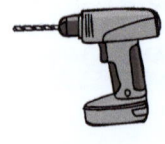

repair
ផ្សួសជុល

shovel
ប៉ែល

Damn!
ចង្រៃ!

dustpan
បុរដោបចូកធូលី

paint pot
ធុងថ្នាំពណ៌

screws
វីស

musical instruments
ឧបករណ៍តន្ត្រី

drum kit
ឈុតសូតរ

loudspeaker
ឧបករណ៍បំពងសំឡេង

guitar
ហ្គីតា

double bass
ហាសពីរ

trumpet
គ្រវ

piano

ពុយ៉ាណូ

violin

វីយ៉ូឡ្យង

bass

ហាស

timpani

សុគរពោសសុបកៃមុយ៉ាង

drums

សុគរ

keyboard

យ៉ឺបត

saxophone

សាក់សូហ្វ៊ន

flute

ឧលុយ

microphone

ម៉ៃក្រូហ្វ៊ន

សួនសត្វ

entrance
ចរកចូល

tiger
សត្វខ្លា

cage
ទ្រុង

zebra
សេះបង្កង់

animal feed
ការឱ្យចំណីសត្វ

panda
ខ្លាឃ្មុំផេនដា

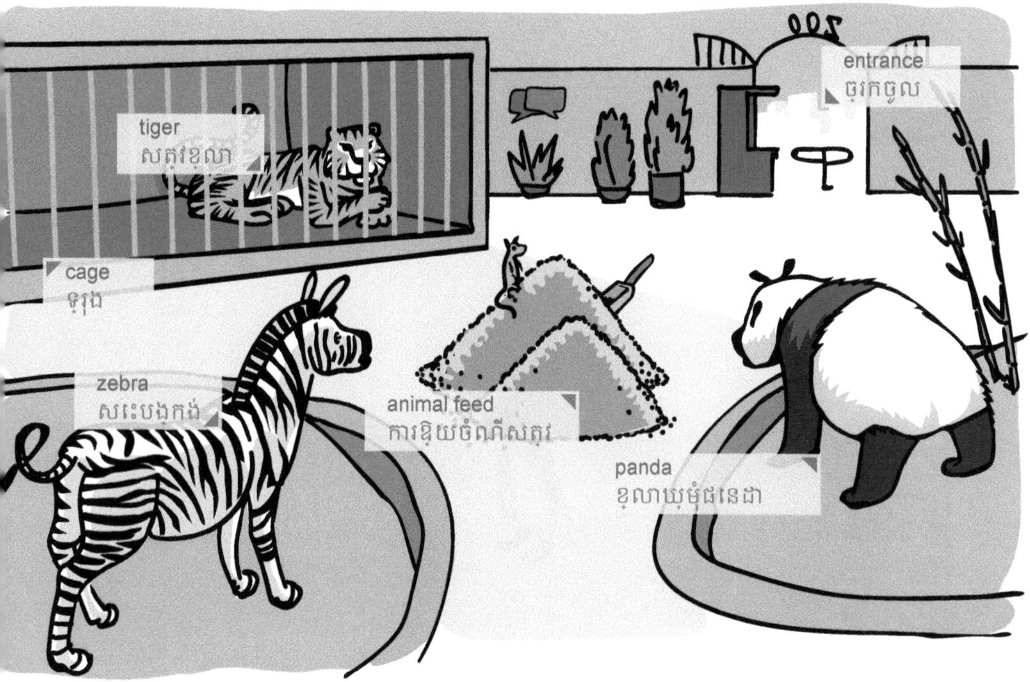

animals
សត្វ

elephant
សត្វដំរី

kangaroo
សត្វកង់ហ្គារូ

rhino
សត្វរមាស

gorilla
សត្វស្វាហ្គូរីឡា

bear
ខ្លាឃ្មុំពណ៌ត្នោត

camel
សត្វអូដ្ឋ

ostrich
សត្វអូទ្រីស

lion
សត្វតោ

monkey
ស្វា

flamingo
សត្វកុររៀល

parrot
សកែ

polar bear
ខ្លាឃ្មុំតំបន់ប៉ូល

penguin
ផេនឃ្វីន

shark
ត្រីឆ្លាម

peacock
ក្ងោក

snake
សត្វពស់

crocodile
ក្រពើ

zookeeper
អ្នករក្សាសួនសត្វ

seal
ឆ្មាទឹក

jaguar
ខ្លារខិនមុយ៉ាង

pony

កូនសេះ

leopard

ខ្លាខិន

hippo

សត្វដើរទឹក

giraffe

សត្វករវៃ

eagle

ឥន្ទ្រី

boar

ជ្រូក

fish

ត្រី

turtle

អណ្ដើកបើក

walrus

លេហមមច្ចា

fox

កញ្ជ្រោង

gazelle

ក្ដាន់

sports
កីឡា

American football
កីឡាហាល់ទាត់អាមេរិក

cycling
ការបុរណាំងកង់

tennis
កីឡាថននីស

basketball
កីឡាហាល់បោះ

swimming
កីឡាហែលទឹក

boxing
កីឡាប្រដាល់

ice hockey
កីឡាវាយកូនមាល់លើទឹក
កក

football
កីឡាហាល់ទាត់

badminton
កីឡាវាយសី

athletics
អត្តពលកម្ម

handball
កីឡាហាល់កាន់

skiing
ការជិះស្គី

polo
ប៉ូឡូ

activities
សកម្មភាពនានា

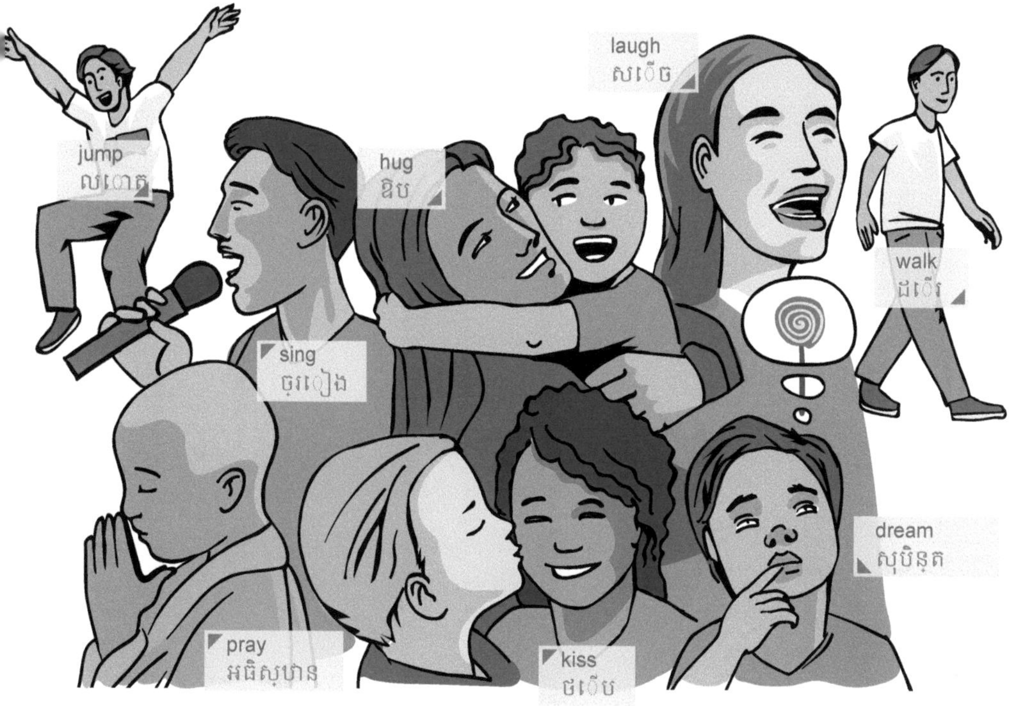

jump
លោត
hug
ឱប
laugh
សើច
walk
ដើរ
sing
ច្រៀង
dream
សុបិន្ត
pray
អធិស្ឋាន
kiss
ថើប

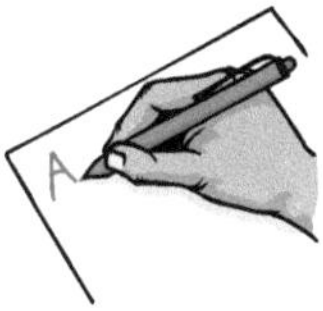

write
សរសេរ

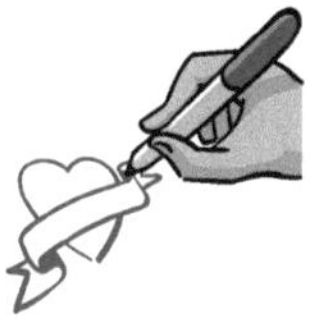

draw
គូរ

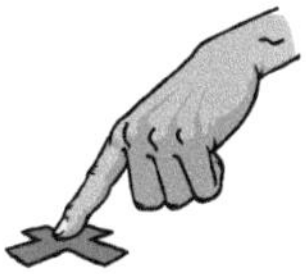

show
បង្ហាញ

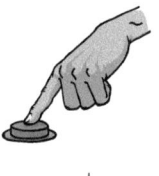

push
រុញ

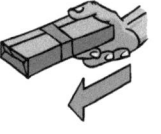

give
ឲ្យ

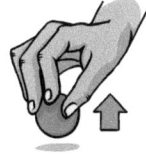

take
យក

have

មាន

do

ធ្វើ

be

គឺ

stand

ឈរ

run

រត់

pull

ទាញ

throw

បោះ

fall

ធ្លាក់

lie

កុហាក

wait

រង់ចាំ

carry

យួរ

sit

អង្គុយ

get dressed

ស្លៀកពាក់

sleep

ដេក

wake up

ភ្ញាក់ឡើង

look at
មើល

cry
យំ

stroke
គូសវាស

comb
សិតសក់

talk
និយាយ

understand
យល់

ask
សួរ

listen
ស្ដាប់

drink
ផឹក

eat
បរិភោគ

tidy up
សម្អាត

love
ស្រលាញ់

cook
ចម្អិន

drive
បើកបរ

fly
ហោះ

sail
ចតែទូក

calculate
គណនា

read
អាន

learn
រៀន

work
ធ្វើការ

marry
រៀបការ

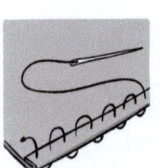
sew
ដេរ

brush teeth
ដុសធ្មេញ

kill
សម្លាប់

smoke
ជក់

send
ផ្ញើ

grandmother
ជីដូន

grandfather
ជីតា

father
ឪពុក

mother
មុតាយ

baby
ទារក

daughter
កូនស្រី

son
កូនប្រុស

guest
ភ្ញៀវ

aunt
មីង

uncle
ពូ

brother
បងប្អូនប្រុស

sister
បងប្អូនស្រី

body
រាងកាយ

forehead
ថ្ងាស
eye
ភ្នែក
shoulder
ស្មា
finger
ម្រាមដៃ
face
មុខ
chin
ចង្កា
hand
ដៃ
leg
ជើង
breast
សុដន់
arm
ដៃ

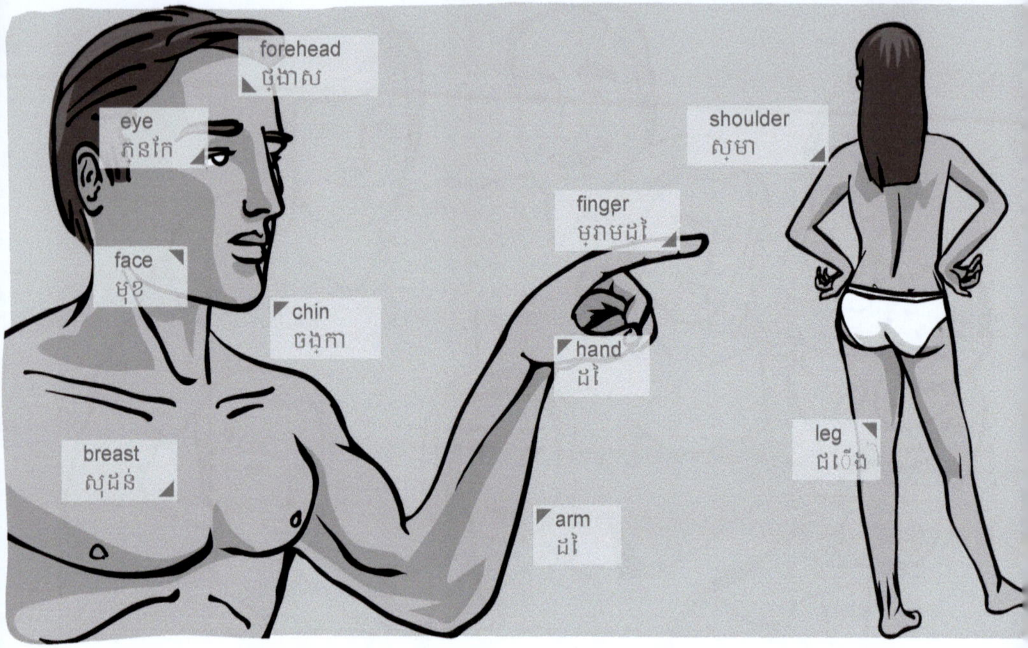

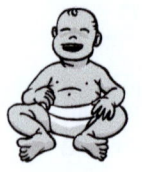

baby
ទារក

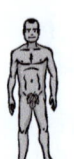

man
បុរស

woman
ស្ត្រី

girl
ក្មេងស្រី

boy
ក្មេងប្រុស

head
ក្បាល

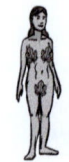

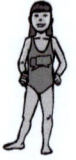

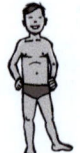

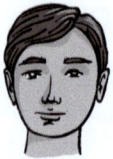

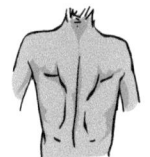

back

ខ្នង

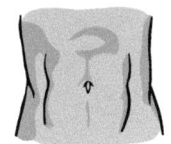

belly

ពោះ

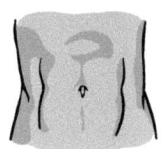

belly button

ផ្ចិត

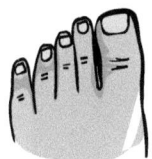

toe

មុរមជេើង

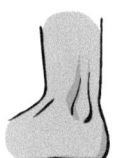

heel

កែងជេើង

bone

ឆ្អឹង

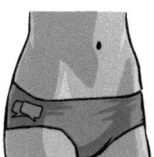

hip

ត្រគាក

knee

ជង្គង់

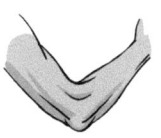

elbow

កែងដៃ

nose

ច្រមុះ

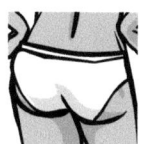

bottom

គូទ

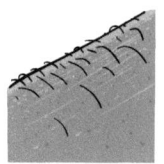

skin

ស្បែក

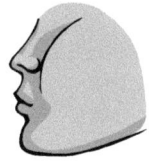

cheek

ថ្ពាល់

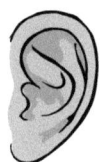

ear

ត្រចៀក

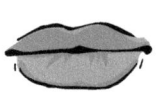

lip

បបូរមាត់

body - រាងកាយ

mouth

មាត់

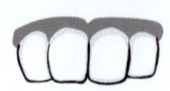

tooth

ធ្មេញ

tongue

អណ្តាត

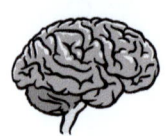

brain

ខួរក្បាល

heart

បេះដូង

muscle

សាច់ដុំ

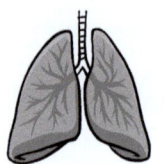

lung

សួត

liver

ថ្លើម

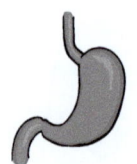

stomach

ក្រពះ

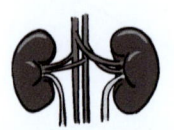

kidneys

តម្រងនោម

sex

ការរួមភេទ

condom

ស្រោមអនាម័យ

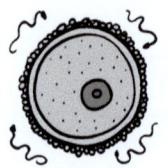

ovum

អូវុល

semen

ទឹកកាម

pregnancy

ការមានផ្ទៃពោះ

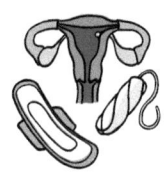

menstruation

មករដូវ

vagina

ទ្វារមាស

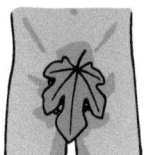

penis

លិង្គ

eyebrow

ចិញ្ចើម

hair

សក់

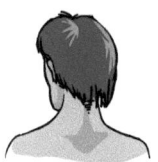

neck

ក

hospital
មន្ទីរពេទ្យ

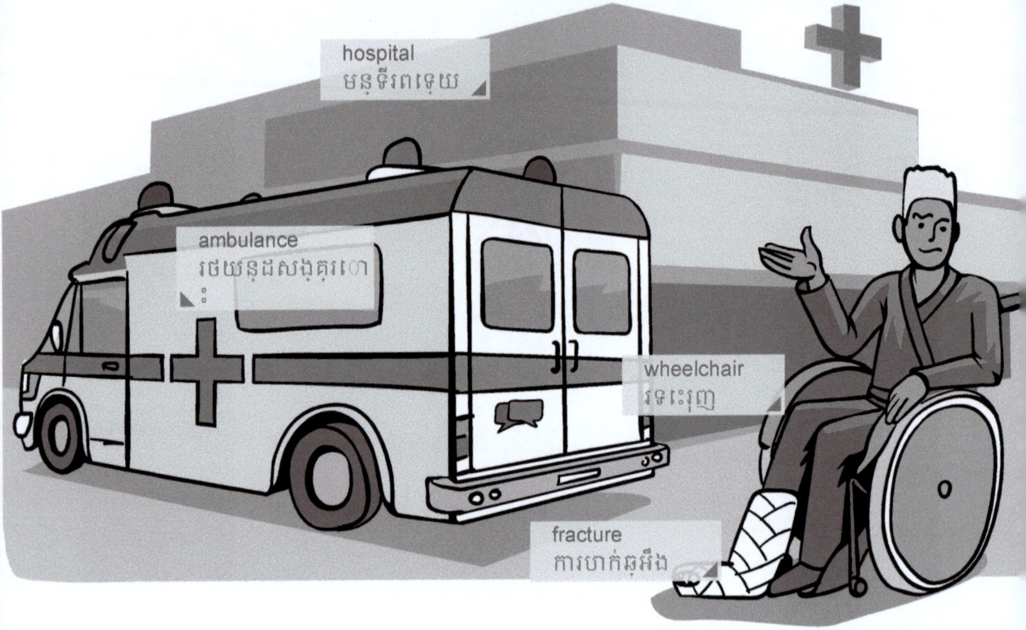

hospital
មន្ទីរពេទ្យ
ambulance
រថយន្តសង្គ្រោះ
wheelchair
រទេះរុញ
fracture
ការបាក់ឆ្អឹង

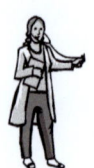

doctor
វេជ្ជបណ្ឌិត

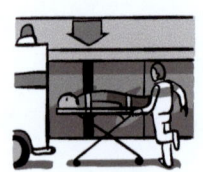

emergency room
បន្ទប់សង្គ្រោះបន្ទាន់

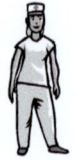

nurse
គិលានុបដ្ឋាយិកា

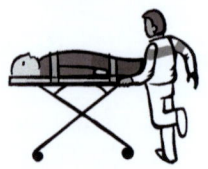

emergency
សង្គ្រោះបន្ទាន់

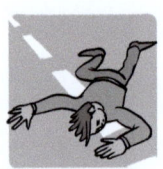

unconscious
សន្លប់

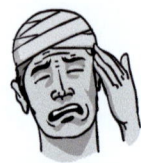

pain
ការឈឺចាប់

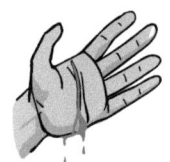

injury

ការរងរបួស

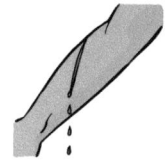

bleeding

ការហូរឈាម

heart attack

គាំងបេះដូង

stroke

ជម្ងឺដាច់សរសៃឈាមក្នុង
ក្បាល

allergy

អាលែកហ្សី

cough

ក្អក

fever

ជំងឺគ្រុន

flu

ជំងឺផ្ដាសាយ

diarrhoea

ជំងឺរាគរូស

headache

ឈឺក្បាល

cancer

ជំងឺមហារីក

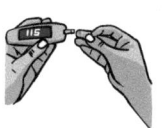

diabetes

ជំងឺទឹកនោមផ្អែម

surgeon

គ្រូពេទ្យវះកាត់

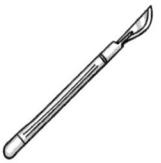

scalpel

កាំបិតវះកាត់

operation

ប្រតិបត្ដិការ

CT

CT

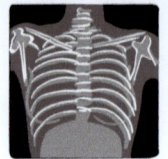

x-ray

កាំស្មើរអ៊ិច

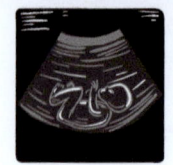

ultrasound

អក្ដ

face mask

ហ្វាំងមុខ

disease

ជំងឺ

waiting room

រង់ចាំបន្ទប់

crutch

ឈរើចុងគ

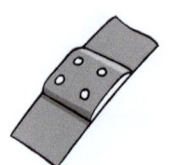

plaster

មួនាងសិលា

bandage

បង់រុំ

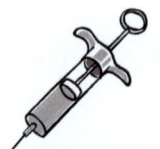

injection

ការចាក់ថ្នាំ

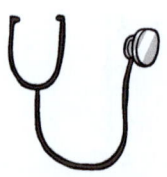

stethoscope

ស្ទូដគ្ដ

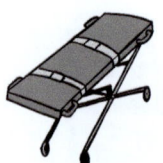

stretcher

ស្នូនដែរប្វួស

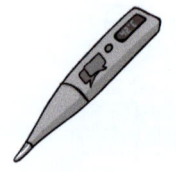

clinical thermometer

ទែម៉ូម៉ែត្រពេទ្យាហាល

birth

កំណេរើត

overweight

លេរើសទម្ងន់

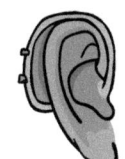

hearing aid

ឧបករណ៍ជំនួយការស្តាប់

disinfectant

សារធាតុសម្លាប់មេរោគ

infection

ការឆ្លងមេរោគ

virus

មេរោគ

HIV / AIDS

មេរោគអេដស៍ / ជំងឺអេដស៍

medicine

ថ្នាំពេទ្យ

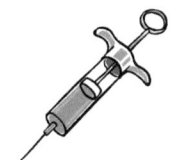

vaccination

ការចាក់ថ្នាំបង្ការ

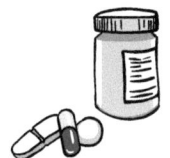

tablets

ថ្នាំប្រិត

pill

ថ្នាំគ្រាប់

emergency call

ការហៅពេលអាសន្ន

blood pressure monitor

ឧបករណ៍ពិនិត្យសម្ពាធឈាម

ill / healthy

ឈឺ / មានសុខភាពល្អ

alarm

សំឡេងរោទ៍

assault

ការវាយលុក

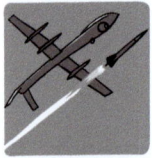

attack

ការវាយប្រហារ

danger

គួរោះថ្នាក់

emergency exit

ចូរកចេញគុរអាសន្ន

Fire!

អគ្គីភ័យ!

fire extinguisher

បំពង់ពន្លត់អគ្គិភ័យ

accident

គួរោះថ្នាក់

first-aid kit

ឧបករណ៍ជំនួយបឋម

SOS

SOS

police

ប៉ូលិស

Help!

ជំនួយ!

Europe

អ៊ីរ៉ុប

North America

អាមរិកខាងជើង

South America

អាមរិកខាងត្បូង

Africa

អាហ្វ្រិក

Asia

អាស៊ី

Australia

អូស្រ្តាលី

Atlantic

អាត្លង់ទិច

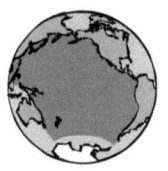

Pacific

ប៉ាស៊ីហ្វិក

Indian Ocean

មហាសមុទ្រផេណ្ឌា

Antarctic Ocean

មហាសមុទ្រអង់តាក់ទិច

Arctic Ocean

មហាសមុទ្រអាកទិច

North Pole

ប៉ូលខាងជើង

South Pole

ប៉ូលខាងត្បូង

Antarctica

អង់តាក់ទិក

Earth

ផែនដី

land

ដីគោក

sea

សមុទ្រ

island

កោះ

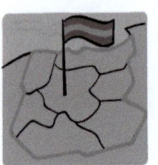

nation

បុរទេសជាតិ

state

រដ្ឋ

clock face

មុខនាឡិកា

hour hand

ទ្រនិចម៉ោង

minute hand

ទ្រនិចនាទី

second hand

ទ្រនិចវិនាទី

What time is it?

ម៉ោងប៉ុន្មាន?

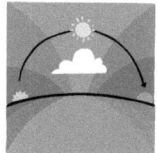

day

ថ្ងៃ

time

ពេលវេលា

now

ឥឡូវនេះ

digital watch

នាឡិកាឌីជីថល

minute

នាទី

hour

ម៉ោង

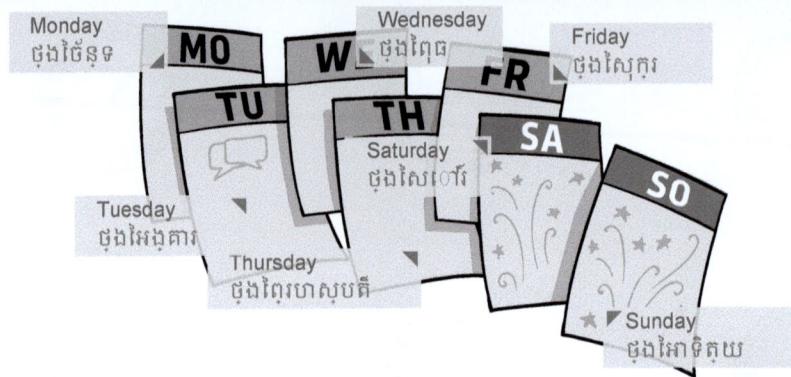

Monday ថ្ងៃច័ន្ទ
MO
Wednesday ថ្ងៃពុធ
W
Friday ថ្ងៃសុក្រ
FR
TU
TH
SA
Saturday ថ្ងៃសៅរ៍
SO
Tuesday ថ្ងៃអង្គារ
Thursday ថ្ងៃព្រហស្បតិ៍
Sunday ថ្ងៃអាទិត្យ

yesterday

មុសិលមិញ

today

ថ្ងៃនេះ

tomorrow

ថ្ងៃស្អែក

morning

ព្រឹក

noon

ថ្ងៃត្រង់

evening

ល្ងាច

MO	TU	WE	TH	FR	SA	SU
1	2	3	4	5	6	7
8	9	10	11	12	13	14
15	16	17	18	19	20	21
22	23	24	25	26	27	28
29	30	31	1	2	3	4

business days

ថ្ងៃធ្វើការ

MO	TU	WE	TH	FR	SA	SU
1	2	3	4	5	6	7
8	9	10	11	12	13	14
15	16	17	18	19	20	21
22	23	24	25	26	27	28
29	30	31	1	2	3	4

weekend

ចុងសប្ដាហ៍

year
ឆ្នាំ

rain
ទឹកភ្លៀង
snow
ព្រិល
wind
ខ្យល់
spring
និទាឃរដូវ
autumn
រដូវស្លឹកឈើជ្រុះ
summer
រដូវក្តៅ
winter
រដូវរងារ

4.APRIL 11°
5.APRIL 4°
6.APRIL 13°
7.APRIL 8°
8.APRIL 10°

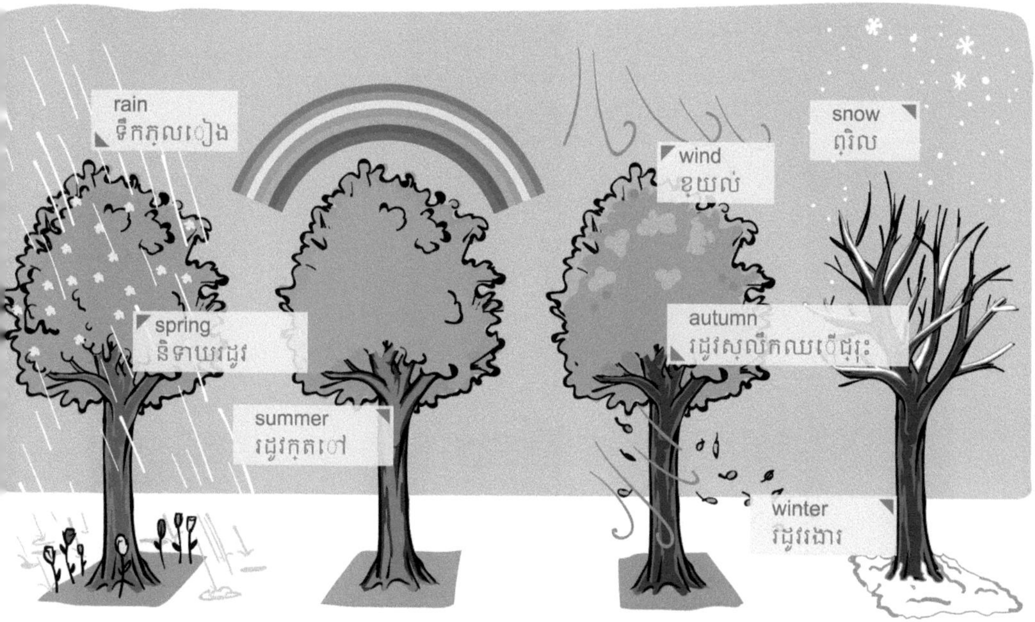

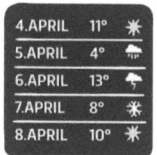

weather forecast

ការព្យាករណ៍អាកាសធាតុ

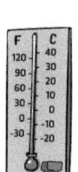

F C
120 40
90 30
60 20
30 10
0 0
-30 -10
-20

thermometer

ទែរម៉ូម៉ែត្រ

sunshine

ពន្លឺថ្ងៃ

cloud

ពពក

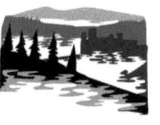

fog

អ័ព្ទ

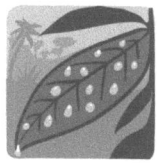

humidity

សំណើម

lightning

រន្ទះ

thunder

ផ្គរ

storm

ពុយុះ

hail

ព្រិល

monsoon

ខុយល់មូសុង

flood

ទឹកជំនន់

ice

ទឹកកក

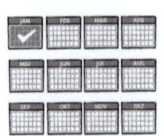

January

ខែមករា

February

ខែកុម្ភៈ

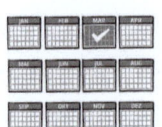

March

ខែមីនា

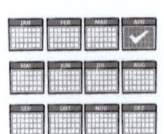

April

ខែមេសា

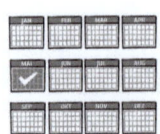

May

ខែឧសភា

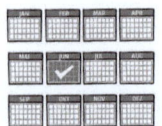

June

ខែមិថុនា

July

ខែកក្កដា

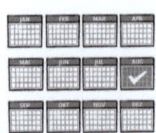

August

ខែសីហា

September

ខែកញ្ញា

October

ខែតុលា

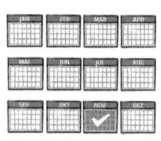

November

ខែវិច្ឆិកា

December

ខែធ្នូ

shapes
រាង

circle

រង្វង់

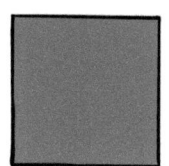

square

ការ៉េ

rectangle

ចតុកោណកែង

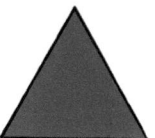

triangle

ត្រីកោណ

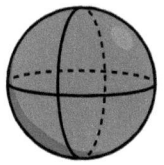

sphere

ស្វ៊ែរ

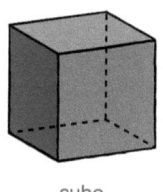

cube

គូប

white
ពណ៌ស

yellow
ពណ៌លឿង

orange
ពណ៌ទឹកក្រូច

pink
ពណ៌ផ្កាឈូក

red
ពណ៌ក្រហម

purple
ពណ៌ស្វាយ

blue
ពណ៌ខៀវ

green
ពណ៌បតែង

brown
ពណ៌ទឹកក្រូច

grey
ពណ៌ប្ួរផេះ

black
ពណ៌ខ្មៅ

ផ្ទុយគ្នា

a lot / a little

ច្រើន / តិចតួច

angry / calm

ខឹង / គ្រជាក់ចិត្ត

beautiful / ugly

សុរស់សុអាត / អាក្រក់

beginning / end

ចាប់ផ្តើម / បញ្ចប់

big / small

ធំ / តូច

bright / dark

ភ្លឺ / ងងឹត

brother / sister

បងប្អូនប្រុស / បងប្អូនស្រី

clean / dirty

សុអាត / កខ្វក់

complete / incomplete

ពេញលេញ / មិនពេញលេញ

day / night

ថ្ងៃ / យប់

dead / alive

សុលាប់ / នៅរស់

wide / narrow

ធំទូលាយ / តូចចង្អៀត

edible / inedible

អាចបរិភោគបាន / មិនអាចបរិភោគបាន

evil / kind

ចិត្តអាក្រក់ / ចិត្តល្អ

excited / bored

ការរំភើប / អផ្សុក

fat / thin

ធាត់ / ស្គម

first / last

ដំបូង / ចុងក្រោយ

friend / enemy

មិត្តភក្តិ / សត្រូវ

full / empty

ពេញ / ទទេ

hard / soft

រឹង / ទន់

heavy / light

ធ្ងន់ / ស្រាល

hunger / thirst

ភាពអត់ឃ្លាន / ការស្រេកទឹកឃ្លាន

ill / healthy

ឈឺ / មានសុខភាពល្អ

illegal / legal

ខុសច្បាប់ / ត្រូវច្បាប់

intelligent / stupid

ឆ្លាតវៃ / ឆ្កួត

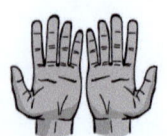

left / right

ឆ្វេង / ស្តាំ

near / far

ជិត / ឆ្ងាយ

opposites - ផ្ទុយគ្នា

new / used
ថ្មី / ហានបុរេ

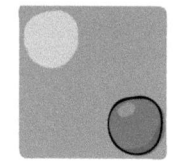

nothing / something
គ្មានអ្វីសោះ / អ្វីម្យ

old / young
ចាស់ / ក្មេង

on / off
បើក / បិទ

open / closed
បើក / បិទ

quiet / loud
ស្ងប់ស្ងាត់ / ពុខលាំង

rich / poor
មាន / ក្រ

right / wrong
ត្រូវ / ខុស

rough / smooth
គ្រើម / លៀង

sad / happy
ពិហាកចិត្ត / សប្បាយចិត្ត

short / long
ខ្លី / វែង

slow / fast
យឺត / លឿន

wet / dry
សើម / ស្ងួត

warm / cool
កុតៅ / ត្រជាក់

war / peace
សង្គ្រាម / សន្តិភាព

លខេ

0

zero
....
សូន្យ

1

one
....
មួយ

2

two
....
ពីរ

3

three
....
បី

4

four
....
បួន

5

five
....
ប្រាំ

6

six
....
ប្រាំមួយ

7

seven
....
ប្រាំពីរ

8

eight
....
ប្រាំបី

9

nine
....
ប្រាំបួន

10

ten
....
ដប់

11

eleven
....
ដប់មួយ

12

twelve
ដប់ពីរ

13

thirteen
ដប់បី

14

fourteen
ដប់បួន

15

fifteen
ដប់ប្រាំ

16

sixteen
ដប់ប្រាំមួយ

17

seventeen
ដប់ប្រាំពីរ

18

eighteen
ដប់ប្រាំបី

19

nineteen
ដប់ប្រាំបួន

20

twenty
ម្ភៃ

100

hundred
រយ

1.000

thousand
ពាន់

1.000.000

million
លាន

English
អង់គុលសេ

American English
អង់គុលសេអាមពិក

Chinese Mandarin
ចិនកុកងឺ

Hindi
ហិណ្ឌូ

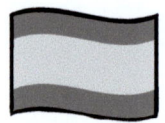

Spanish
អេស្បា៉ញ

French
ហារាំង

Arabic
អារ៉ាប់

Russian
រុស្សី៊

Portuguese
ព័រទុយហ្គាល់

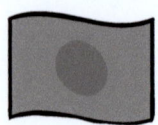

Bengali
បង់កុលាដសៃ

German
អាល្លឺម៉ង់

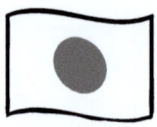

Japanese
ជប៉ុន

I
ខ្ញុំ

you
អ្នក

he / she / it
គាត់ / នាង / វា

we
យើង

you
អ្នក

they
ពួកគេហេន

who?
នរណា?

what?
អ្វី?

how?
របៀបណា?

where?
កន្លែងណា?

when?
ពេលណា?

name
ឈ្មោះ

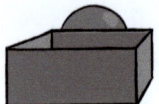

behind
ពីក្រោយ

in
ក្នុង

in front of
ពីមុខ

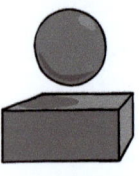

over
ពីលើ

on
នៅលើ

under
នៅក្រោម

beside
នៅក្បែរ

between
រវាង

place
កន្លែង